广西城市轨道交通车辆技术示范特色专业系列教材

城市轨道交通车辆图册

CHENGSHI GUIDAO JIAOTONG
CHELIANG TUCE

主　编 ◎ 王杰华　陈桂平
副主编 ◎ 马汉林　魏秀琴　丁金玲　谭广忠
主　审 ◎ 石祖警

西南交通大学出版社
·成都·

图书在版编目（CIP）数据

城市轨道交通车辆图册 / 王杰华，陈桂平主编. —成都：西南交通大学出版社，2021.11
广西城市轨道交通车辆技术示范特色专业系列教材
ISBN 978-7-5643-8306-0

Ⅰ. ①城… Ⅱ. ①王… ②陈… Ⅲ. ①城市铁路–铁路车辆–高等学校–教材 Ⅳ. ①U239.5

中国版本图书馆 CIP 数据核字（2021）第 213747 号

广西城市轨道交通车辆技术示范特色专业系列教材

Chengshi guidao jiaotong cheliang tuce
城市轨道交通车辆图册

主　编／王杰华　陈桂平	责任编辑／李　伟
	封面设计／吴　兵

西南交通大学出版社出版发行
（四川省成都市二环路北一段 111 号西南交通大学创新大厦 21 楼　610031）
发行部电话：028-87600564　　028-87600533
网址：http://www.xnjdcbs.com
印刷：成都勤德印务有限公司

成品尺寸　210 mm × 285 mm
印张　7.5　字数　90 千
版次　2021 年 11 月第 1 版　印次　2021 年 11 月第 1 次

书号　ISBN 978-7-5643-8306-0
定价　35.00 元

课件咨询电话：028-81435775
图书如有印装质量问题　本社负责退换
版权所有　盗版必究　举报电话：028-87600562

前言
PREFACE

根据教育部相关教学标准要求，本书编写人员在认真学习领会相关文件精神的基础上，结合当前职业教育的特点和城市轨道交通专业实用型人才的培养需求，精心编写了本书。本书具有以下特点：

（1）本书包含了城市轨道交通车辆但不限于车辆的11个大类的图片，涵盖了车体、转向架、车钩、车门、制动系统、主电路电压设备、辅助电路电压设备、照明系统、空调通风系统、列车网络控制系统、行车信号及标志等。

（2）本书编写过程体现了"工学结合、校企合作"的理念，由行业专家、一线技术骨干教师全面参与本书的编写和审读工作。

本书由柳州铁道职业技术学院王杰华、陈桂平担任主编，马汉林、魏秀琴、丁金玲、谭广忠担任副主编，南宁轨道交通股份有限公司石祖警担任主审。具体编写分工为：车体、转向架、车钩、车门、照明系统由柳州铁道职业技术学院王杰华筛选图片，主电路电压设备、辅助电路电压设备由柳州铁道职业技术学院马汉林、谭广忠共同筛选图片，制动系统由柳州铁道职业技术学院魏秀琴筛选图片，空调通风系统由柳州铁道职业技术学院丁金玲筛选图片，列车网络控制系统、行车信号及标志由柳州铁道职业技术学院陈桂平筛选图片。

本书在编写过程中，得到了南宁地铁公司的大力支持，在此向提供帮助的有关专家表示衷心的感谢。

本书主要是让读者了解城市轨道交通车辆的主要组成部分及外观，由于各地城市轨道交通车辆选型及运用情况存在差异，书中一些具体应用不具备通用性，在实际操作中要根据当地的车辆而定，敬请谅解。

由于我国城市轨道交通发展迅速，技术设备也在不断改进更新，书中资料和相关数据与现场车辆设备难免存在差异，加上编者水平有限，书中不足之处在所难免，敬请读者批评指正，以便再版时修订、补充，不断完善。

编　者

2021年4月

城市轨道交通
车辆图册

目 录
CONTENTS

第一部分　车体……………………………………………………1
第二部分　转向架…………………………………………………16
第三部分　车钩……………………………………………………29
第四部分　车门……………………………………………………34
第五部分　制动系统………………………………………………40
第六部分　主电路电压设备………………………………………53
第七部分　辅助电路电压设备……………………………………71
第八部分　照明系统………………………………………………89
第九部分　空调通风系统…………………………………………93
第十部分　列车网络控制系统……………………………………98
第十一部分　行车信号及标志……………………………………108

第一部分
车体

图1-1 车体外观——车侧

图1-2 车体外观——车头

图1-3 车体外观——防爬器

图1-4 车体外观——车辆编号

图1-5 车体外观——架车标志

图1-6 车体外观——车门

图1-7 车体外观——电喇叭

图1-8 车顶外部

图1-9　车顶——受电弓

图1-10　车顶——空调

图1-11 客室内部远景

图1-12 客室顶部

图1-13 客室设备——车窗及座椅

图1-14 客室设备——吊环

图1-15 客室设备——动态地图

图1-16 客室设备——安全锤

图1-17 客室设备——扬声器

图1-18 客室设备——LCD广告屏

图1-19 客室设备——B05

图1-20 贯通道——端部

图1-21　贯通道——内部

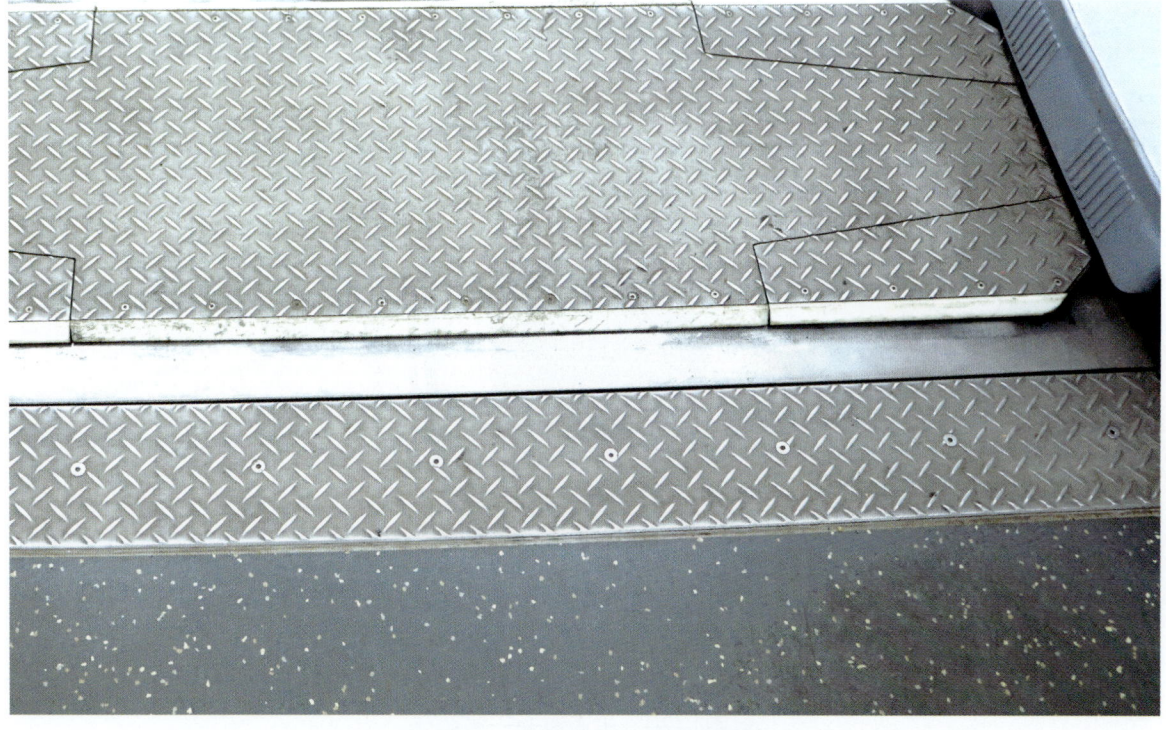

图1-22　贯通道——渡板和踏板

第一部分 车　体

图1-23　贯通道——外部

图1-24　司机室——驾驶台

图1-25 司机室——座椅

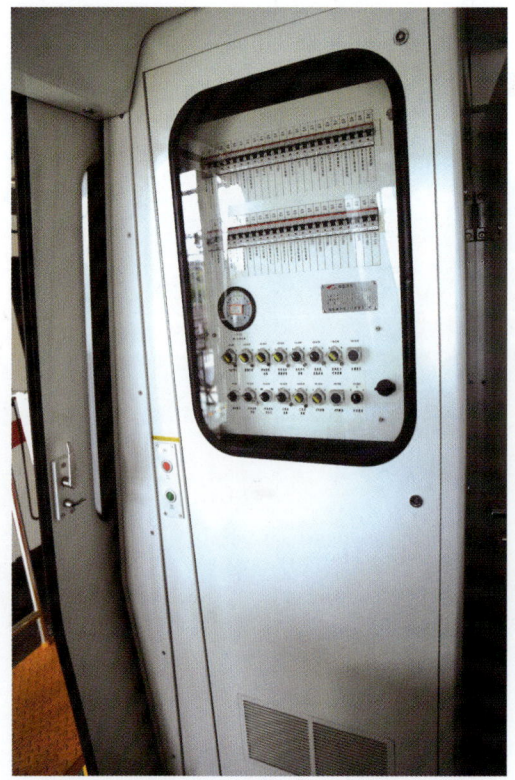

图1-26 司机室——电气柜

图1-27 司机室——间隔门

图1-28 司机室——车顶

第二部分
转向架

第二部分 转向架

图2-1 转向架——总成

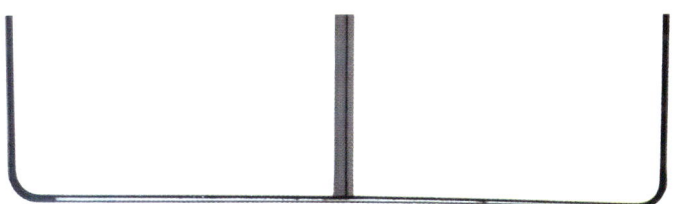

图2-2 转向架——车底

图2-3 转向架——轮对

图2-4 转向架——轮缘润滑装置喷嘴

图2-5　轮缘润滑装置油箱

图2-6　转向架——接地装置

图2-7 转向架——速度传感器

图2-8 转向架——高度阀

图2-9 转向架——高度调节杆

图2-10 转向架——垂向油压减振器

图2-11 转向架——横向油压减振器

图2-12 转向架——空气弹簧及二系减振器

图2-13 转向架——侧挡

图2-14 转向架——异步牵引电机

图2-15 转向架——鼓形齿式联轴器

图2-16 转向架——减速器(1)

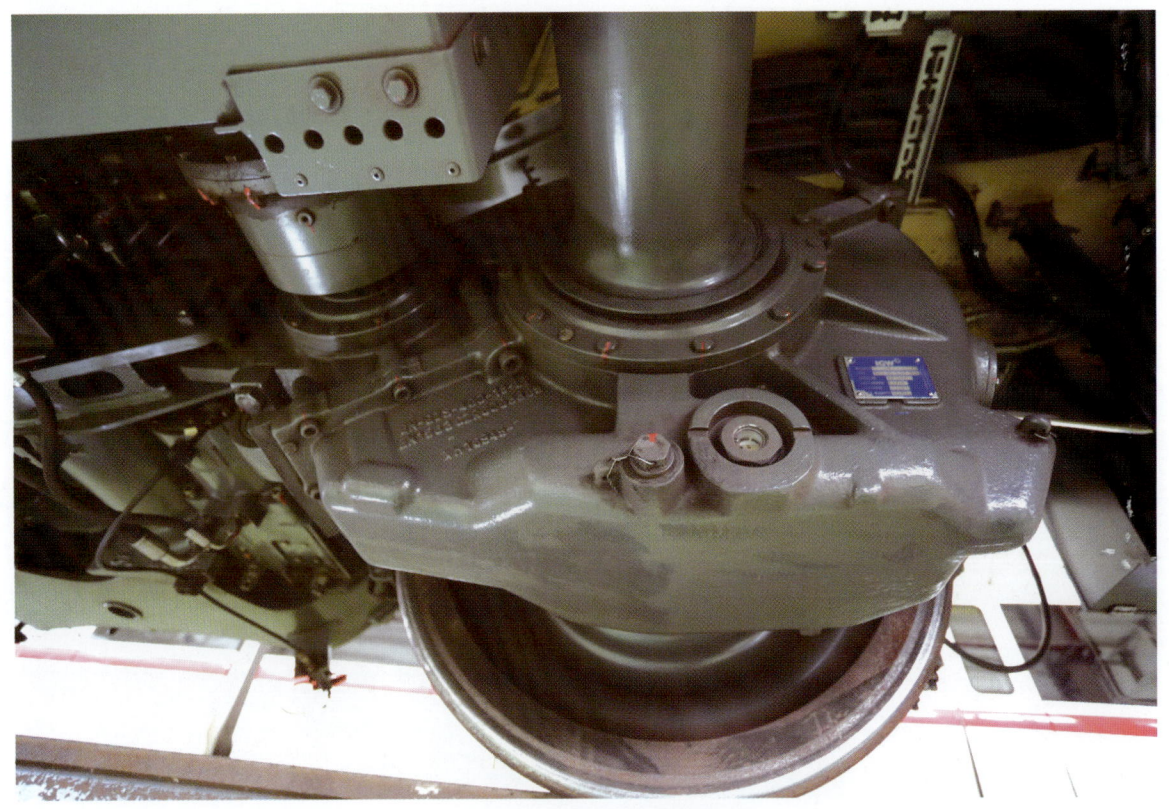

图2-17 转向架——减速器(2)

图2-18 转向架——制动缓解阀

图2-19 工艺转向架

图2-20　固定式架车机

图2-21　铁鞋

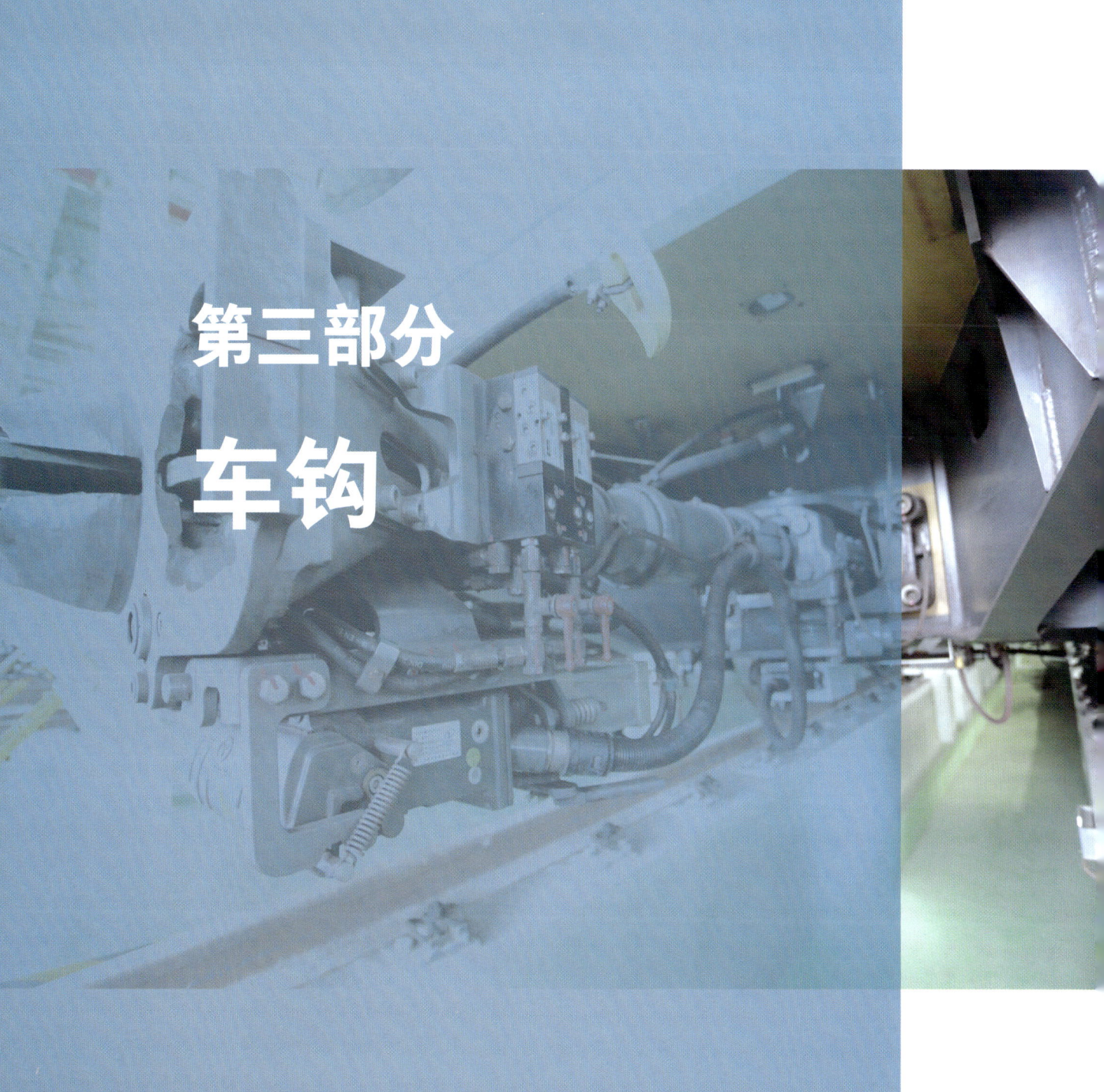

第三部分

车钩

图3-1　全自动车钩1

图3-2　全自动车钩2

图3-3 全自动车钩3

图3-4 全自动车钩——机械钩头

图3-5 车钩对中装置

图3-6 半自动车钩连接

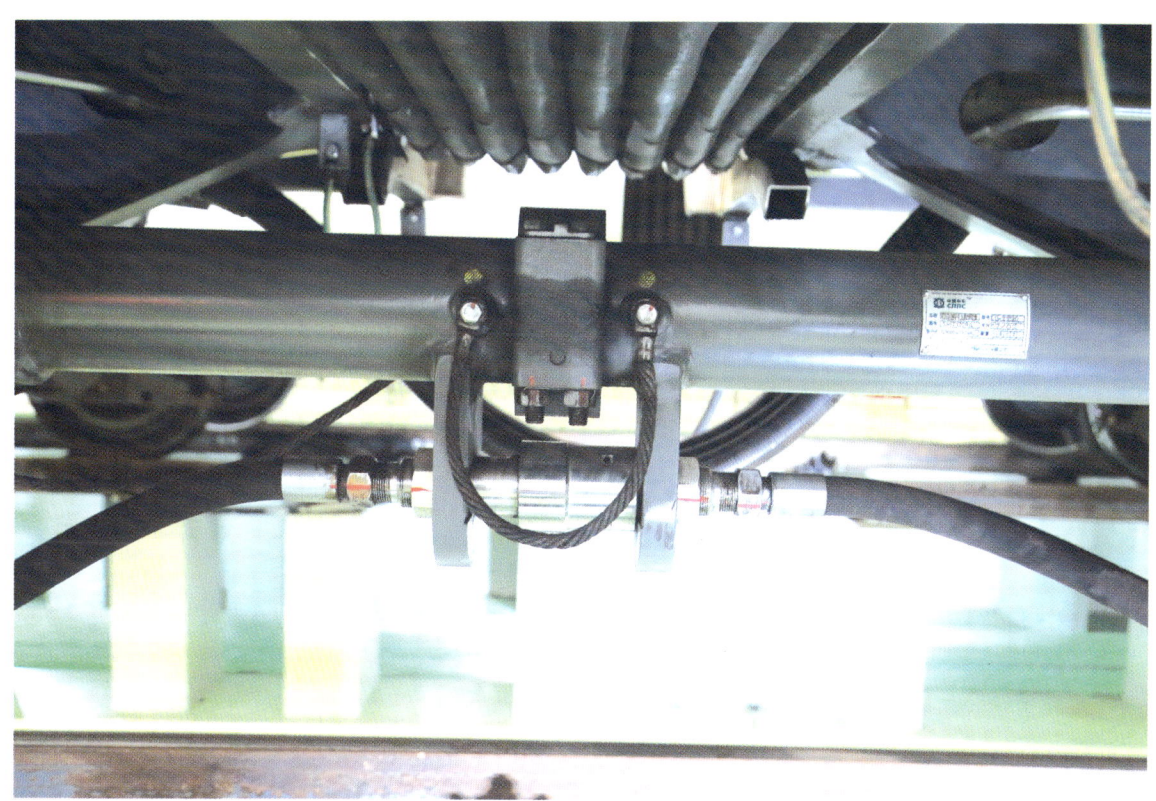

图3-7 半永久牵引杆连接1

图3-8 半永久牵引杆连接2

第四部分

车门

图4-1 客室车门——内部

图4-2 客室车门——外部

图4-3 客室车门——门控器

图4-4 客室车门——下挡销

图4-5 客室车门——紧急解锁装置

图4-6　客室车门——紧急通话装置

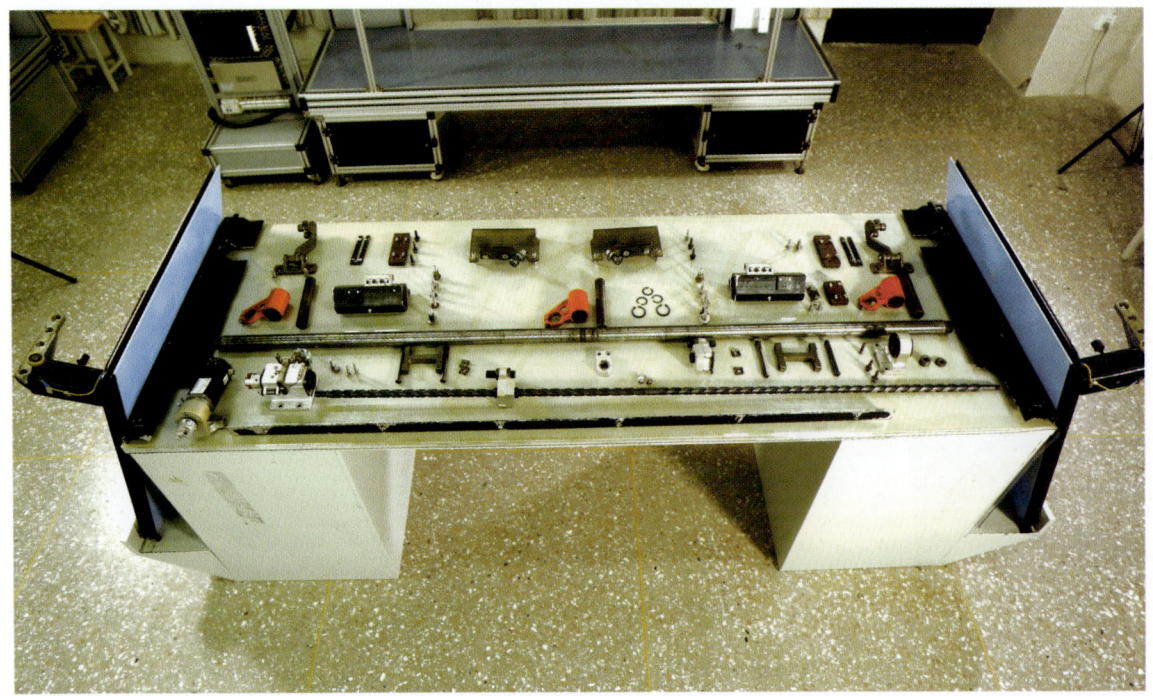

图4-7　康尼塞拉门——零部件

图4-8 司机室侧门——外部

第五部分
制动系统

图5-1 风源模块

图5-2 VV120型活塞式空压机组

图5-3 冷却器

图5-4 双塔式空气干燥器

图5-5 空气滤清器

图5-6 精细过滤器（油）

图5-7 辅助控制模块

图5-8 风缸模块

图5-9 双针压力表

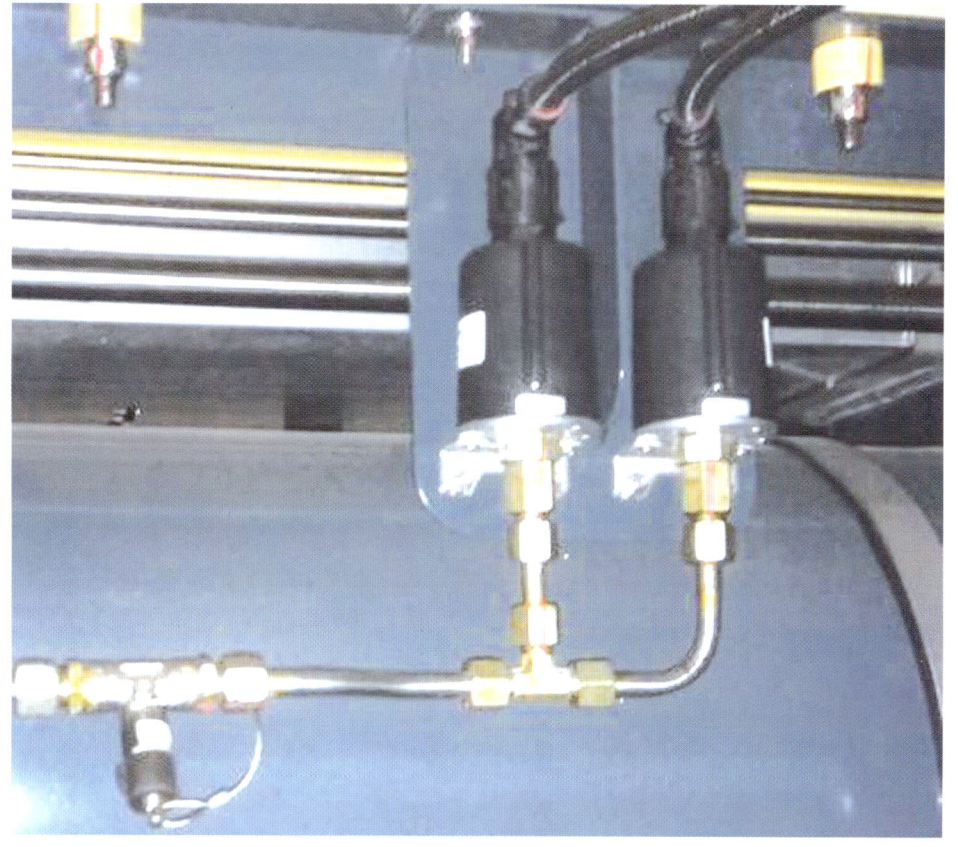

图5-10 压力开关

图5-11 真空指示器

图5-12 B05

图5-13　EP09网关阀单元

图5-14　EP09网关阀单元——内部

图5-15 EP09智能阀单元

图5-16 EP09智能阀单元——内部结构

图5-17　EP09智能阀单元——测试接口

图5-18　EP09智能阀单元——背板气路

图5-19　EP2002网关阀

图5-20　EP2002智能阀

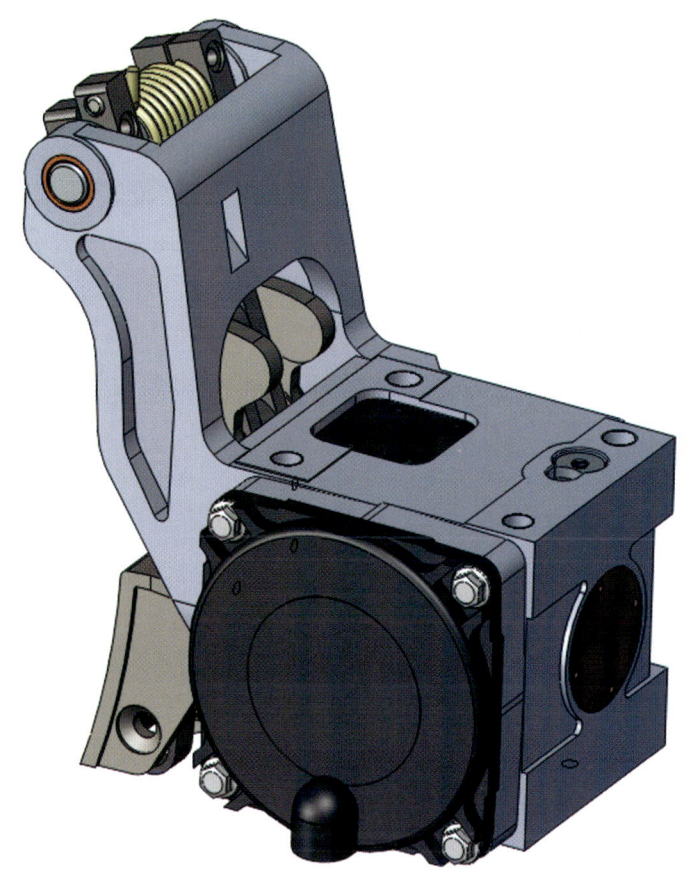

图5-21 TFD-1型踏面制动单元(不带停放)

图5-22 TFD-2型踏面制动单元(带停放)

图5-23　制动软管

图5-24　盘型制动单元

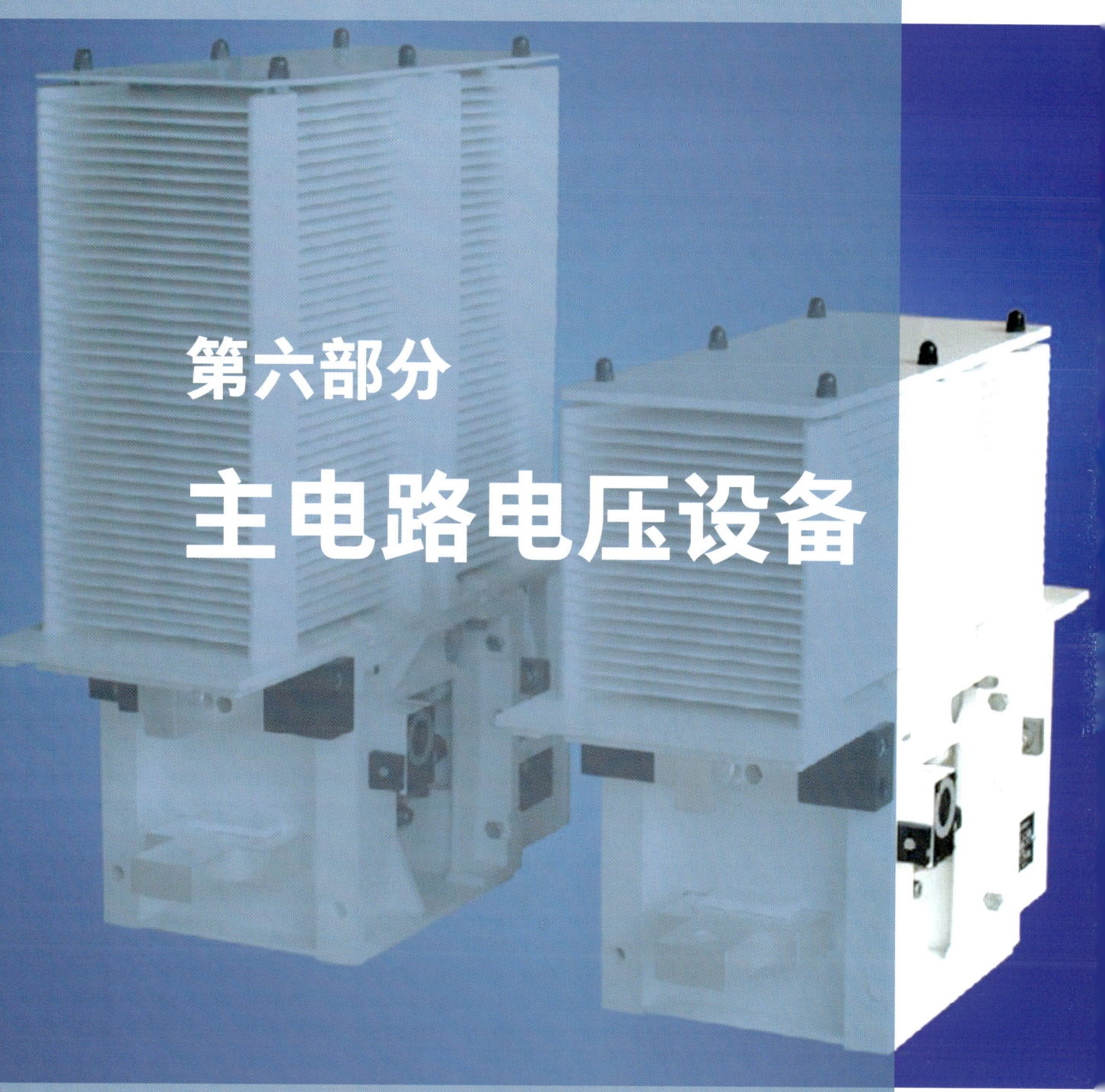

第六部分
主电路电压设备

图6-1 受电弓俯视图

图6-2 受电弓位置传感器

图6-3 受电弓供气管路

图6-4 受电弓底架设备

图6-5 受电弓升弓气囊

图6-6 受电弓避雷器

进气口　排气口　出气口

图6-7　ADD自动降弓

图6-8　肘接电流连接组装

图6-9 受电弓气阀箱(内)

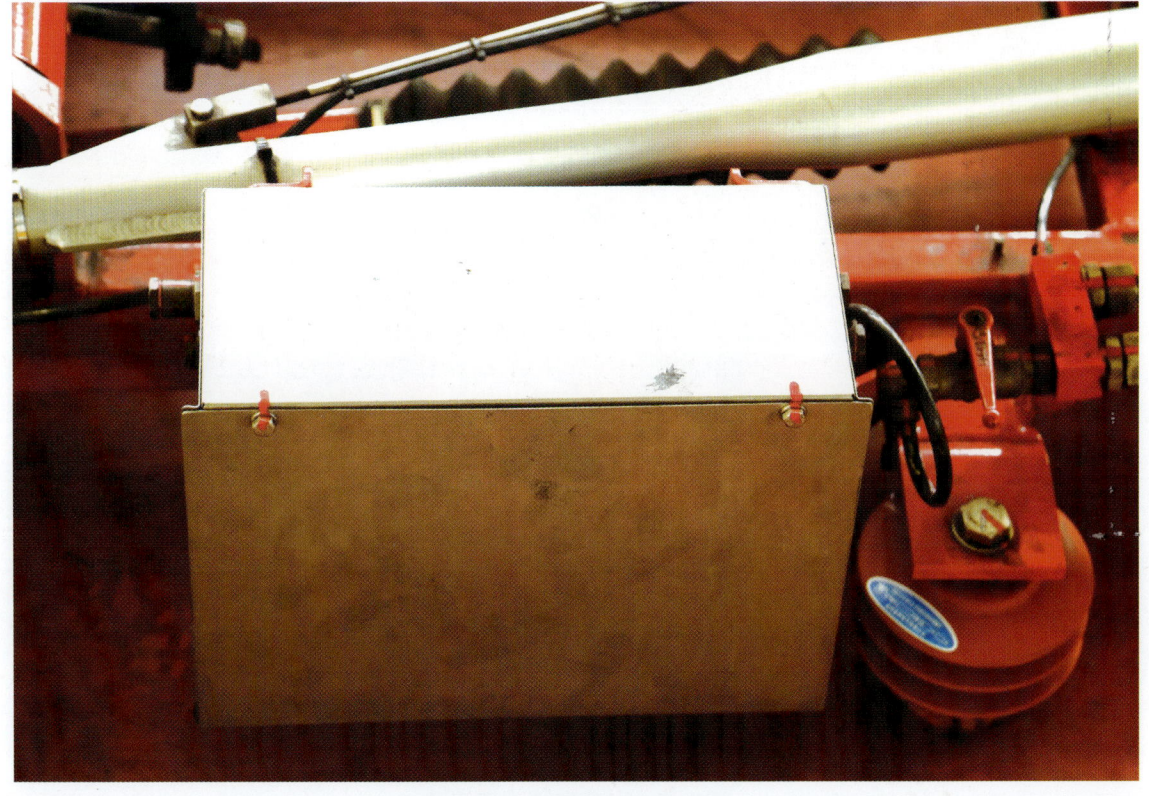

图6-10 受电弓气阀箱(外)

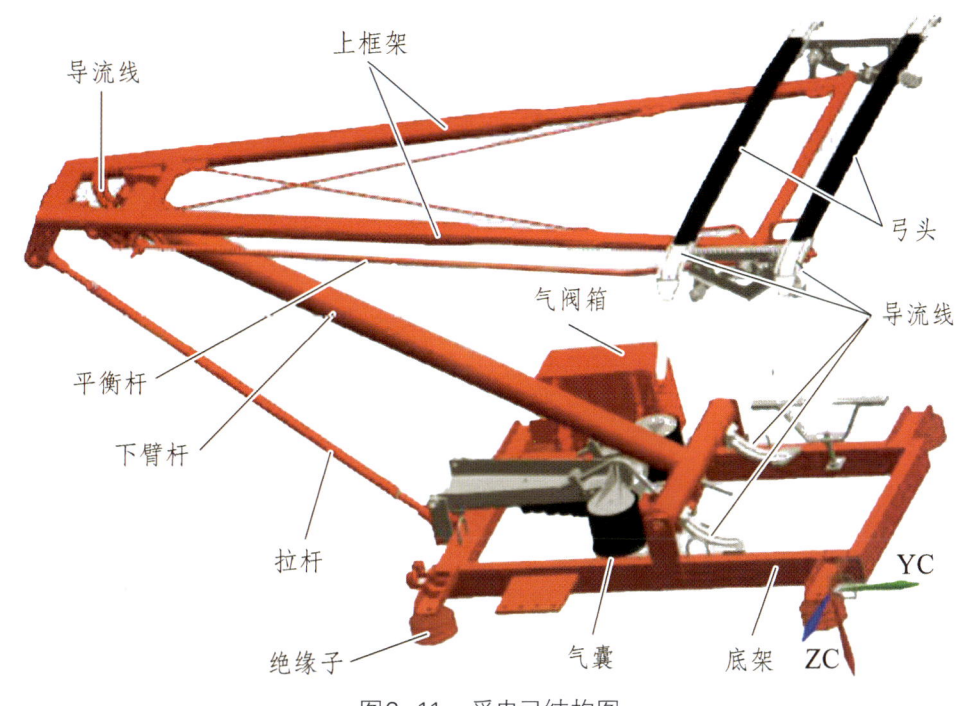

图6-11 受电弓结构图

图6-12 橡胶止挡

图6-13 高速断路器

图6-14 高速断路器安装

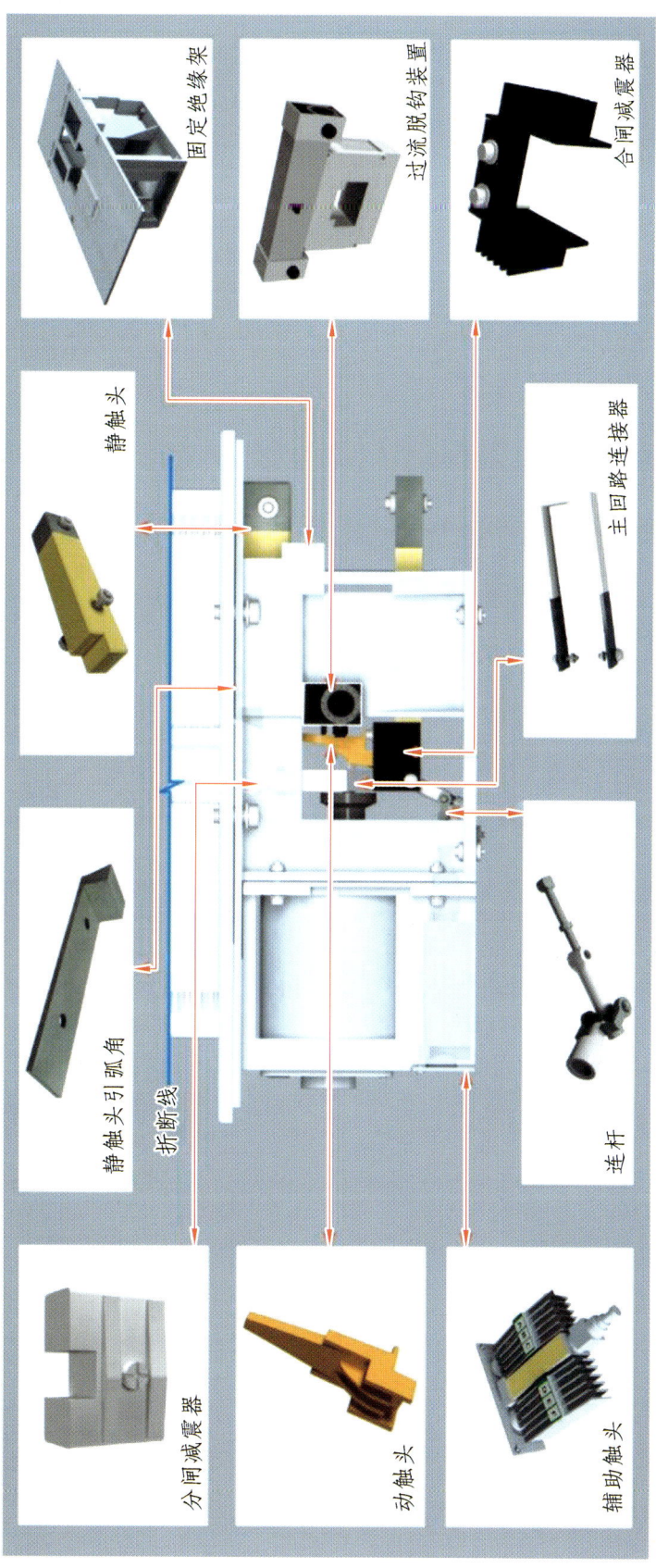

图6-15　高速断路器结构图

图6-16 高速断路器安装箱

图6-17 高压电器箱——主熔断器

图6-18 接地装置

图6-19 接地装置弹簧

图6-20　接地装置弹簧支架

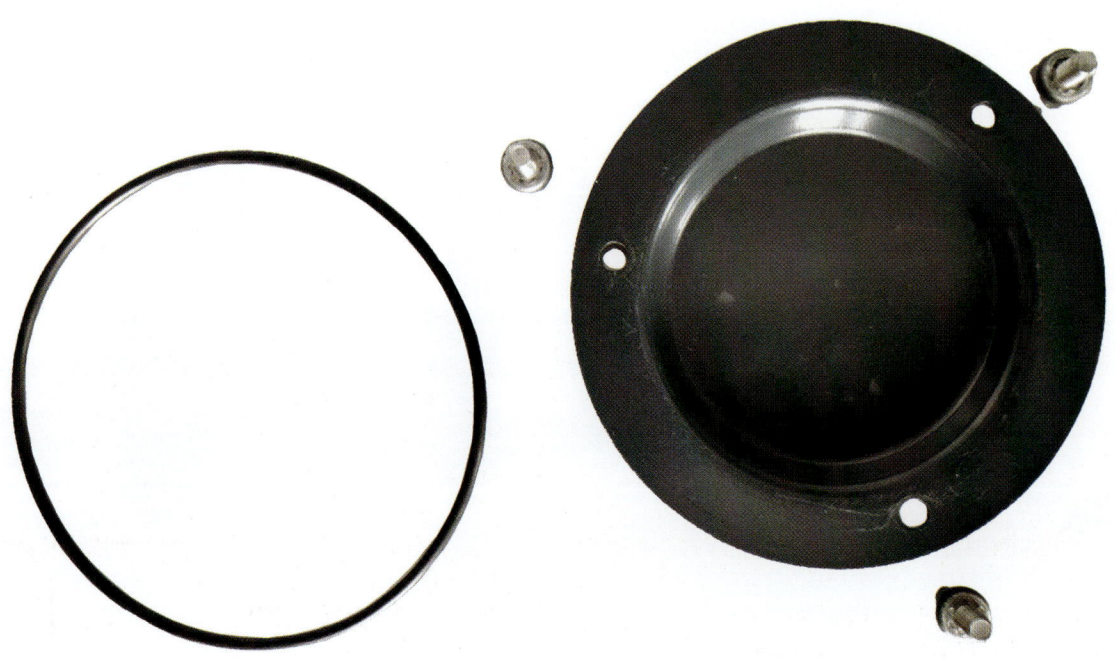

图6-21　接地装置端盖

图6-22 轴内接地装置——碳刷1

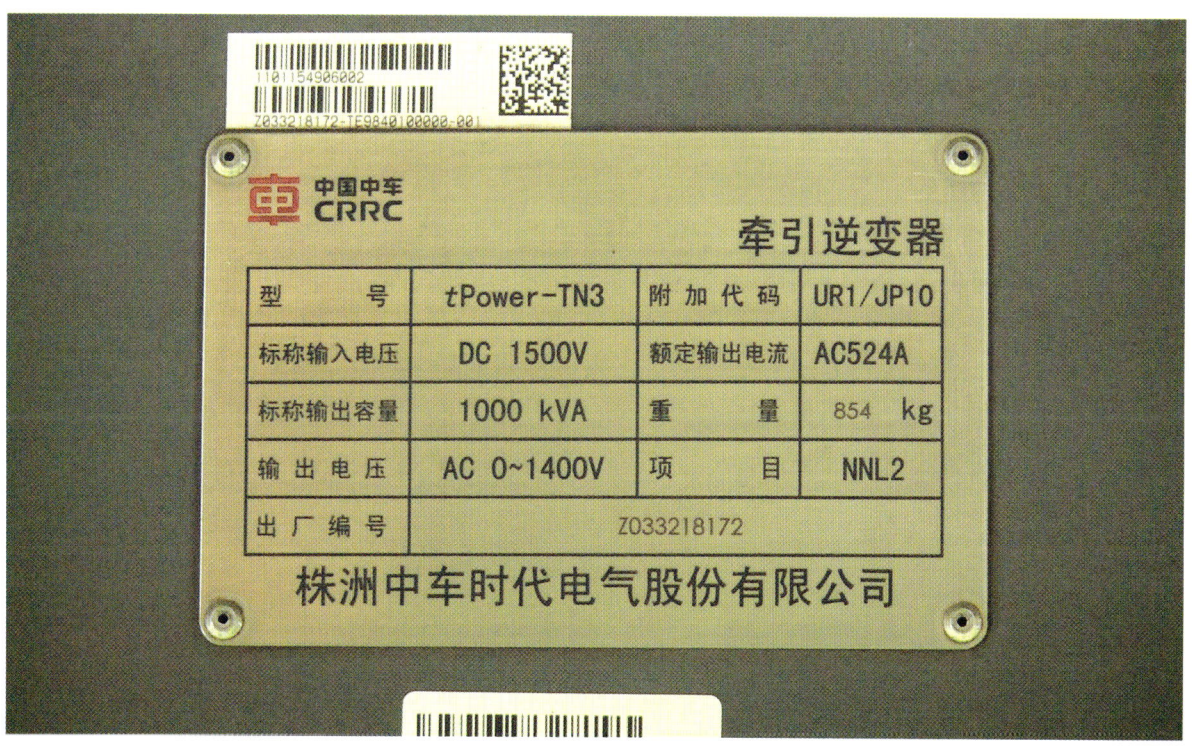

图6-23 牵引逆变器技术牌

图6-24　牵引逆变器DCU控制柜内接线柱

图6-25　牵引逆变器箱——传动控制单元

图6-26 牵引逆变器外部插座

图6-27 牵引逆变器外部插座变流器模块

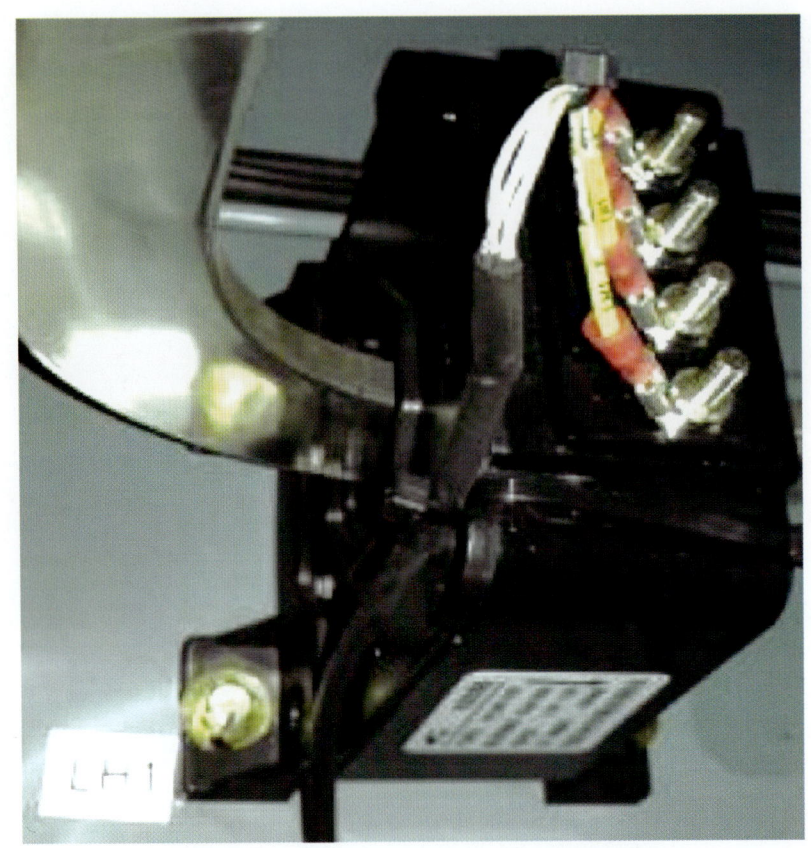

图6-28 牵引逆变器外部插座差动电流传感器

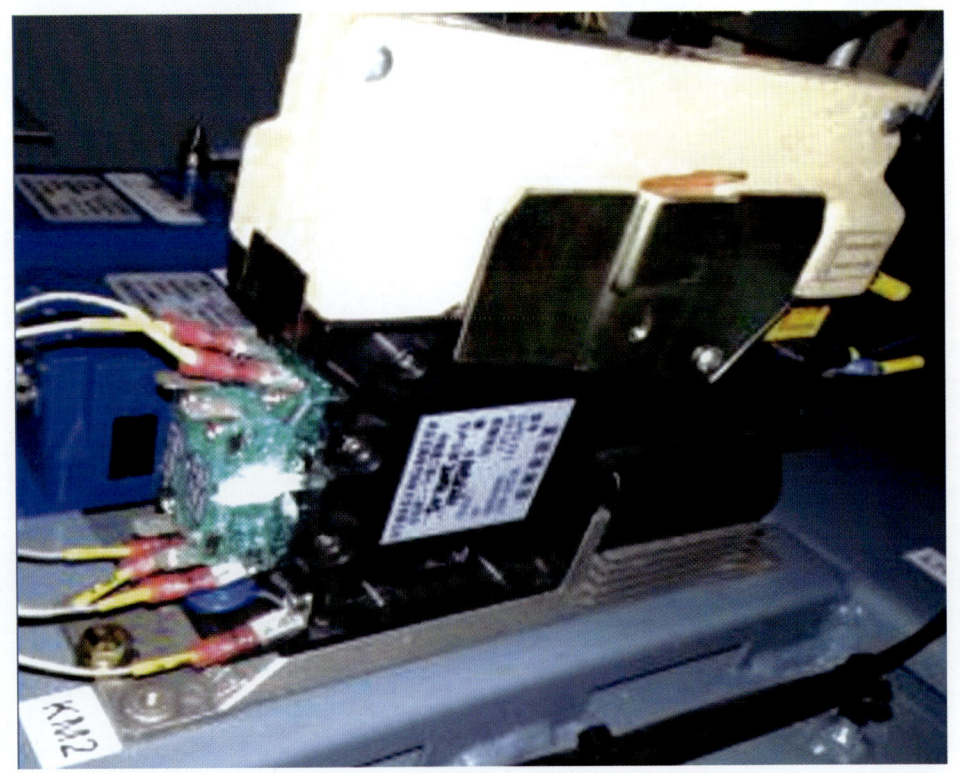

图6-29 牵引逆变器外部插座充电接触器

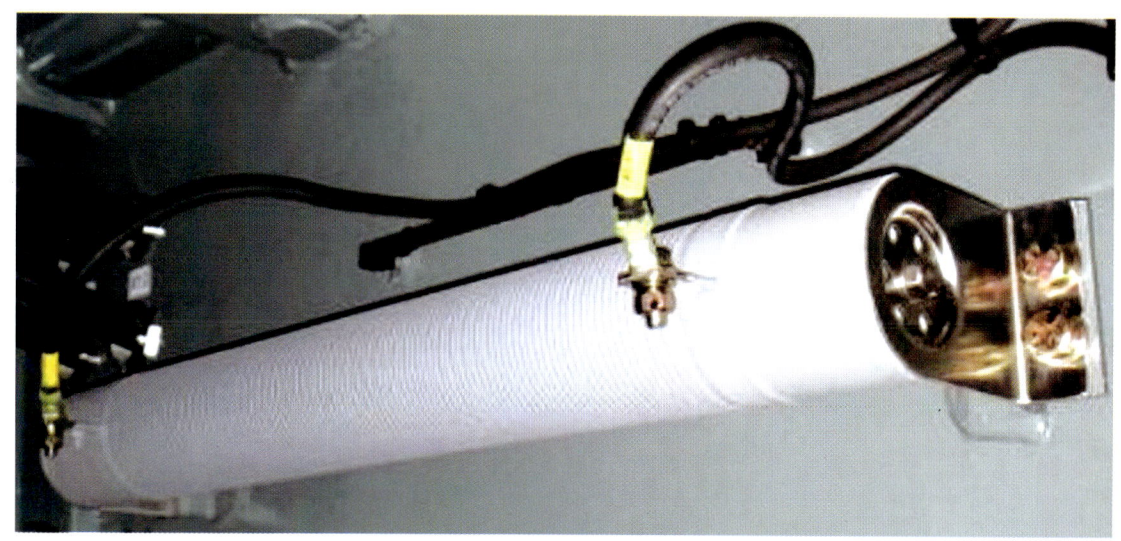

图6-30 牵引逆变器外部插座充放电单元

图6-31 牵引逆变器外部插座电压传感器

图6-32　牵引逆变器外部插座短接接触器

图6-33　制动电阻箱

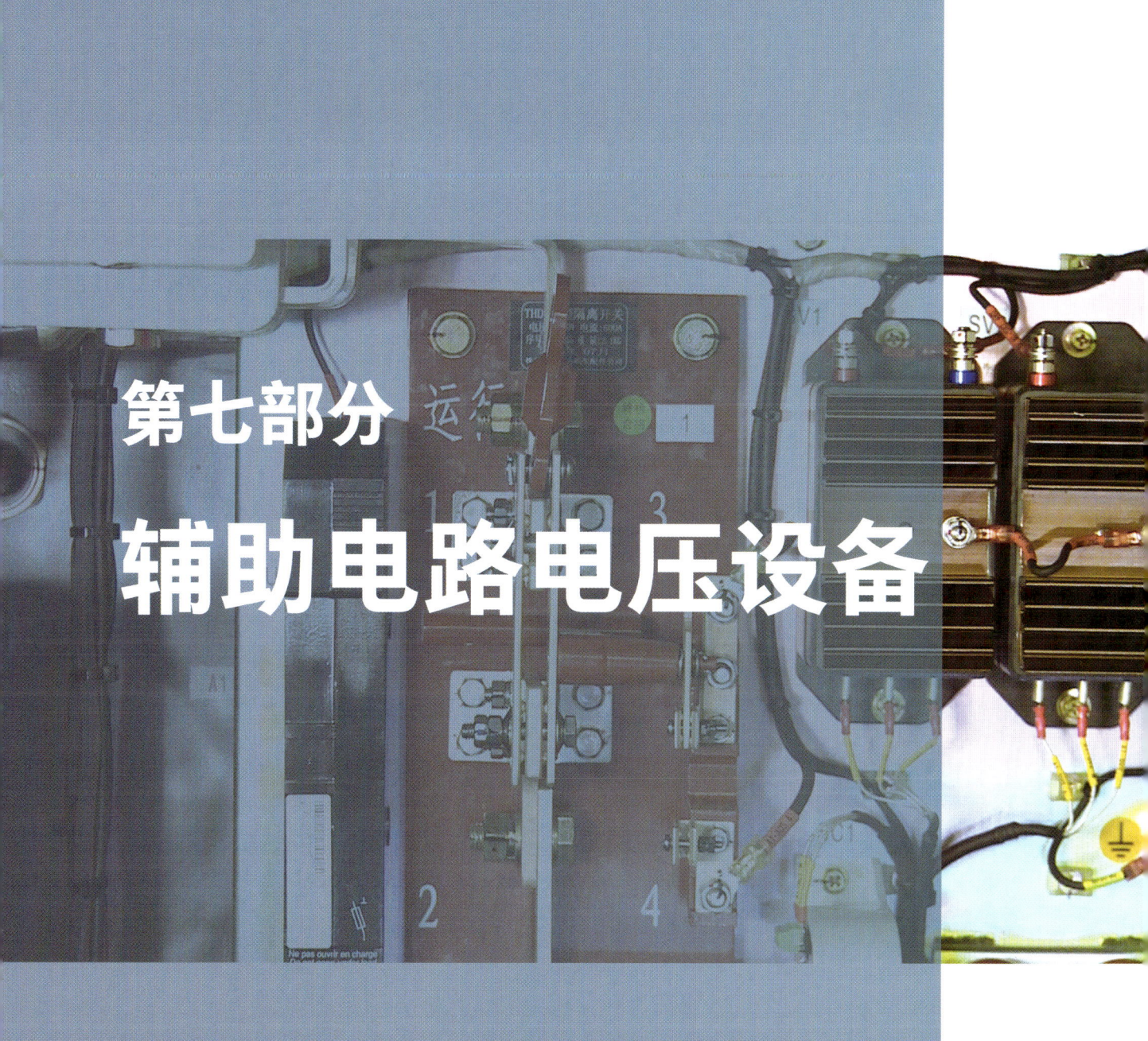

第七部分
辅助电路电压设备

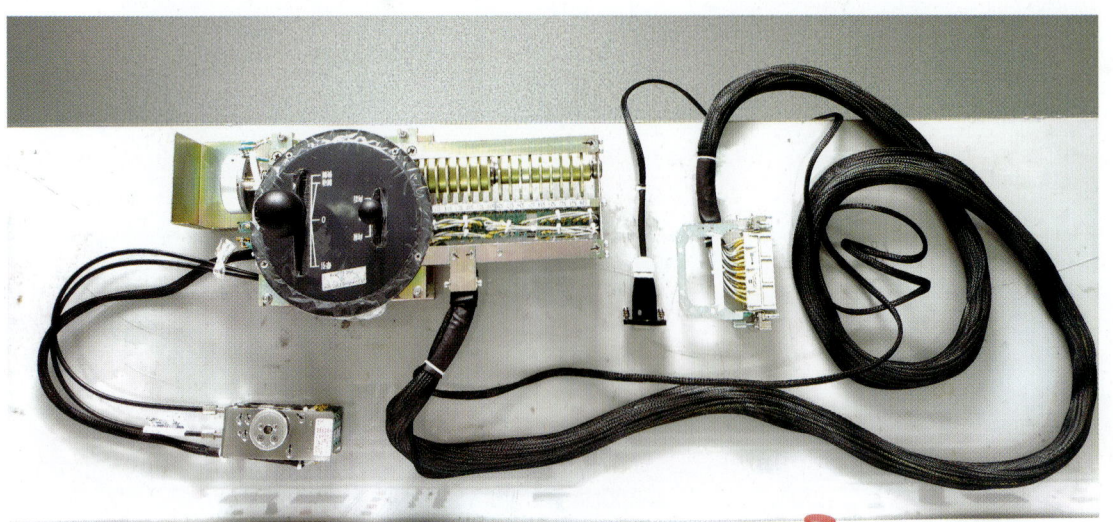

图7-1 司控器结构

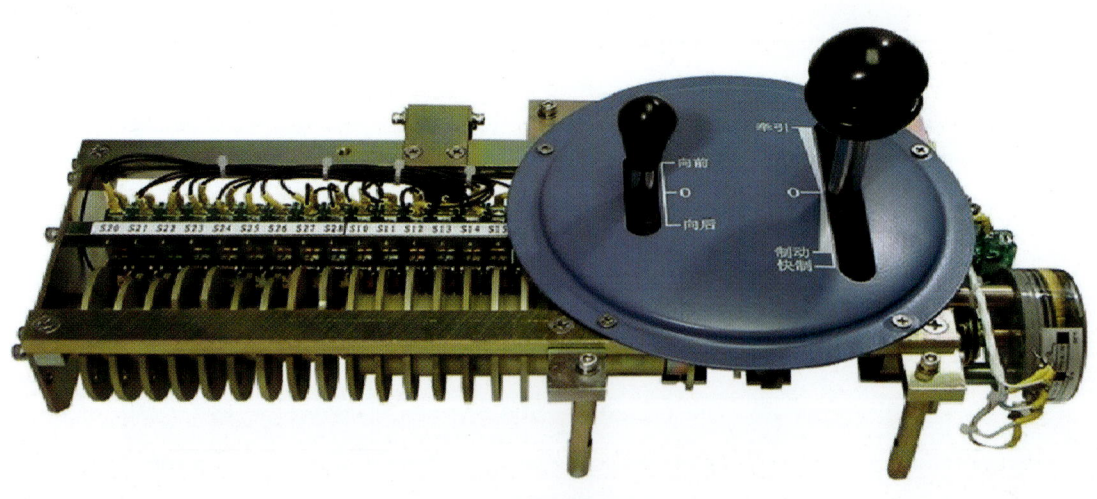

图7-2 司机控制器结构手柄

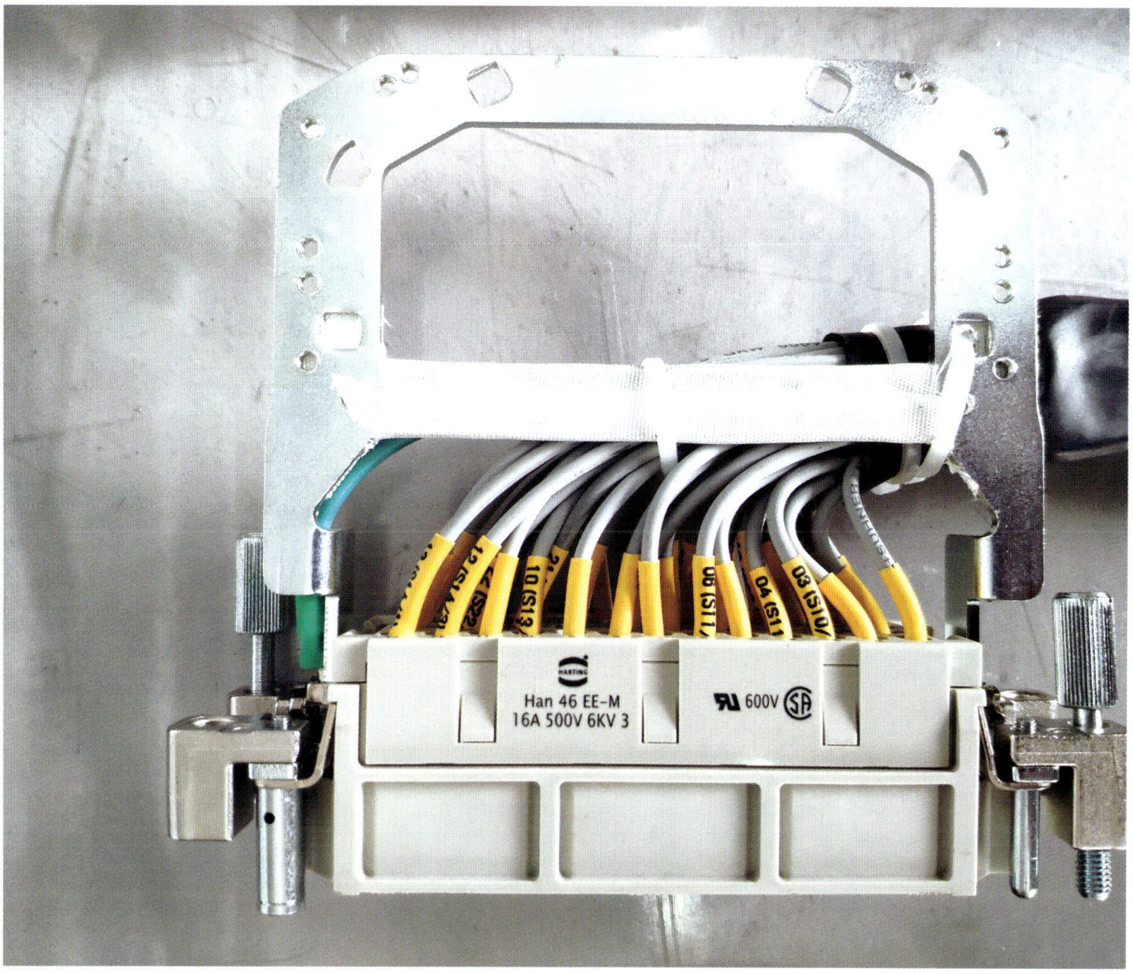

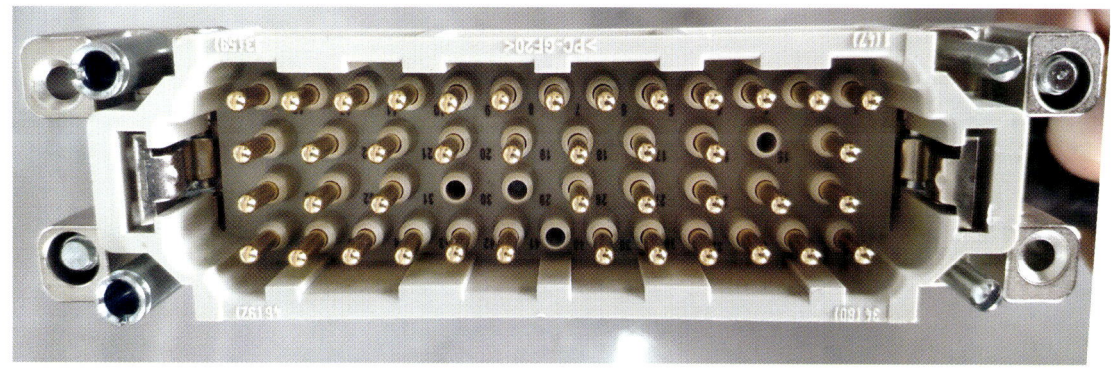

图7-3 司控器插座

图7-4 司控器插座内部

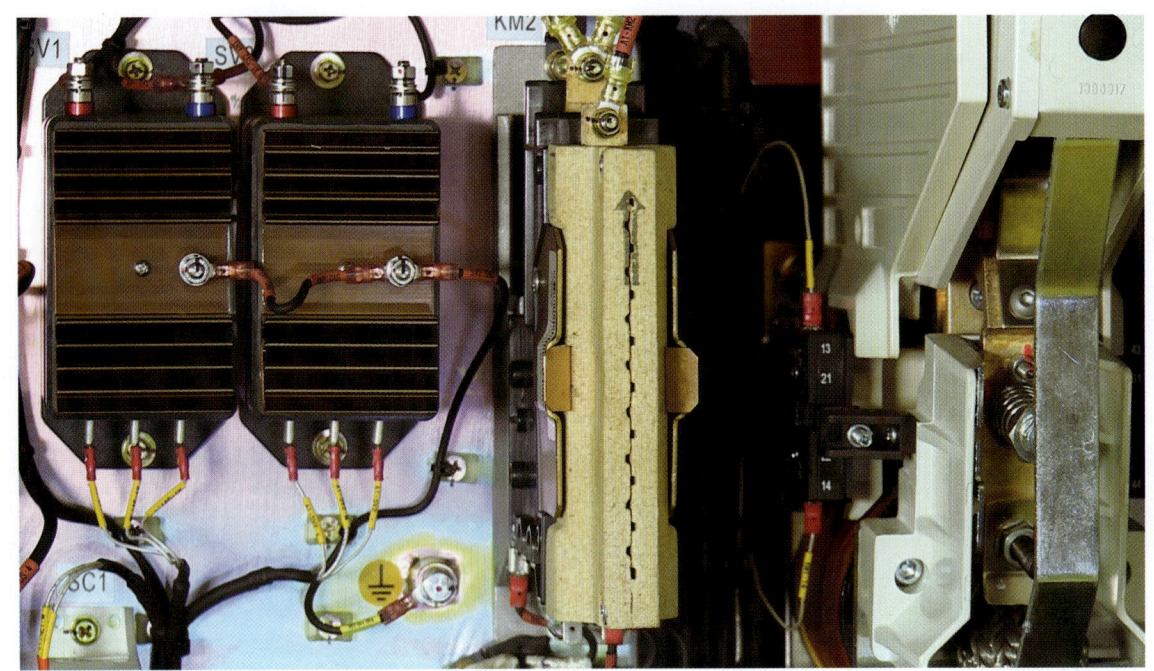

图7-5 辅助逆变器箱输入室充电接触器

图7-6 司控器连接插座内部

图7-7 司控器连接插座

图7-8 辅助逆变器箱输入室短接接触器

图7-9 司控器钥匙开关

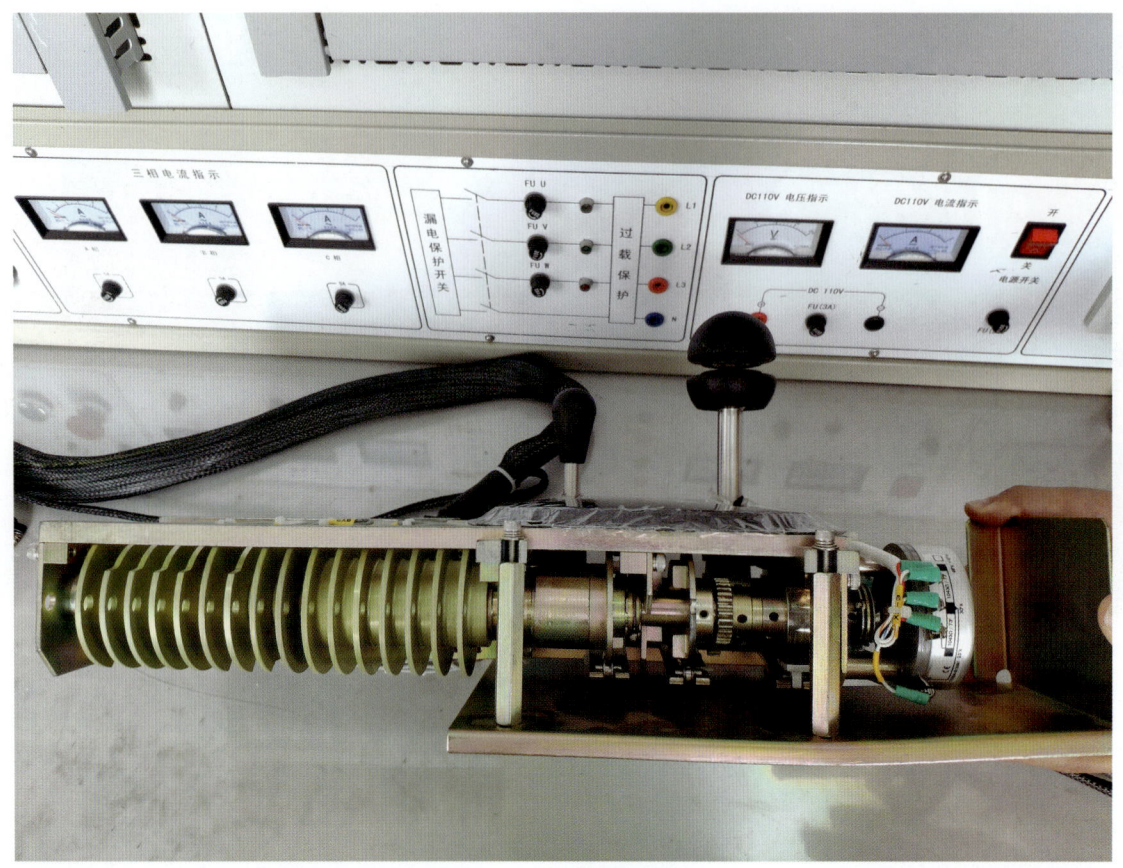

图7-10 司控器凸轮

图7-11 司控器钥匙

第七部分　辅助电路电压设备

图7-12　蓄电池箱

图7-13　蓄电池箱1外部结构图

图7-14　蓄电池箱2外部结构图

图7-15　蓄电池箱内部结构

第七部分　辅助电路电压设备

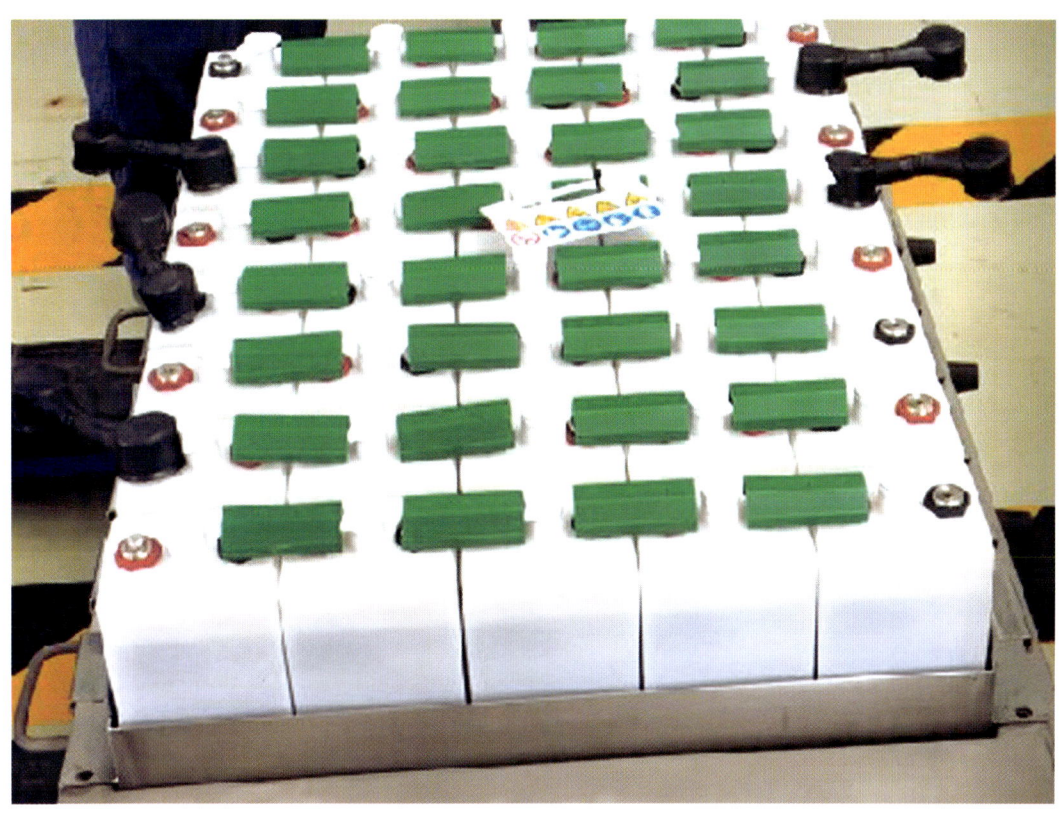

图7-16　蓄电池箱内电池位置图

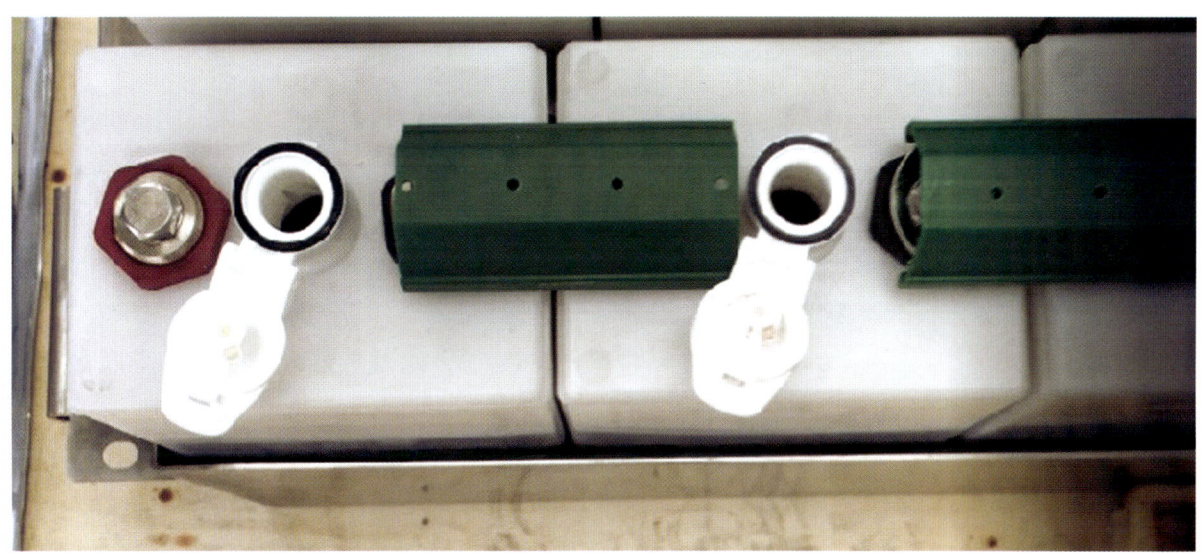

图7-17　单个蓄电池结构图

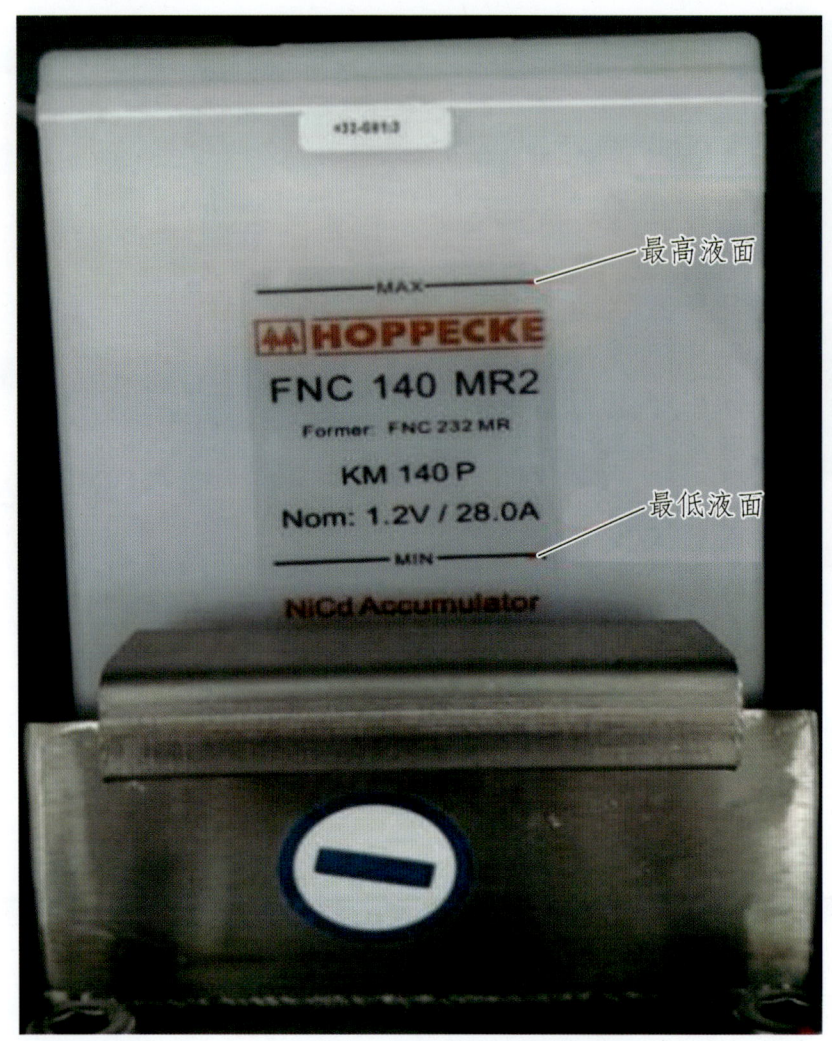

图7-18　单个蓄电池液面刻度线

图7-19　蓄电池熔断器

图7-20 熔断器箱内部结构

输入室　　　滤波电容器　　　输出室

图7-21 辅助逆变器箱（列车右侧）

图7-22 辅助逆变器箱（列车左侧）

图7-23 辅助逆变器箱——BCG模块

图7-24 辅助逆变器箱——充电接触器

图7-25 辅助逆变器箱——电缆及插座

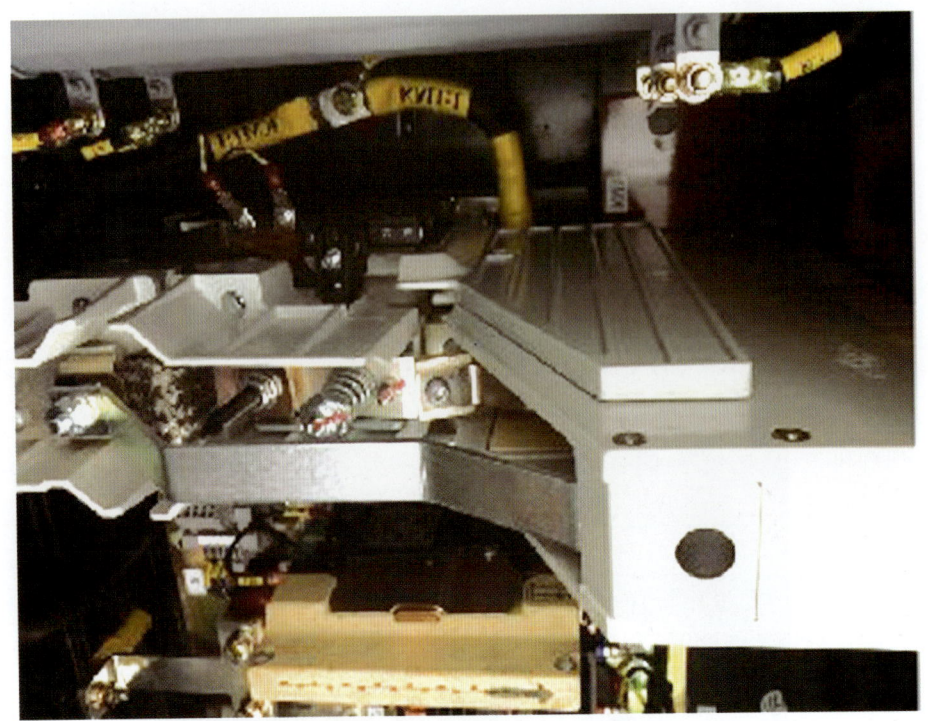

图7-26 辅助逆变器箱——短接接触器

图7-27 辅助逆变器箱——交流接触器

第七部分　辅助电路电压设备

图7-28　辅助逆变器箱（列车右侧内部）

图7-29 辅助逆变器箱(列车左侧内部)

图7-30 辅助逆变器箱——应急启动电源

图7-31 辅助逆变器箱输入室电流传感器

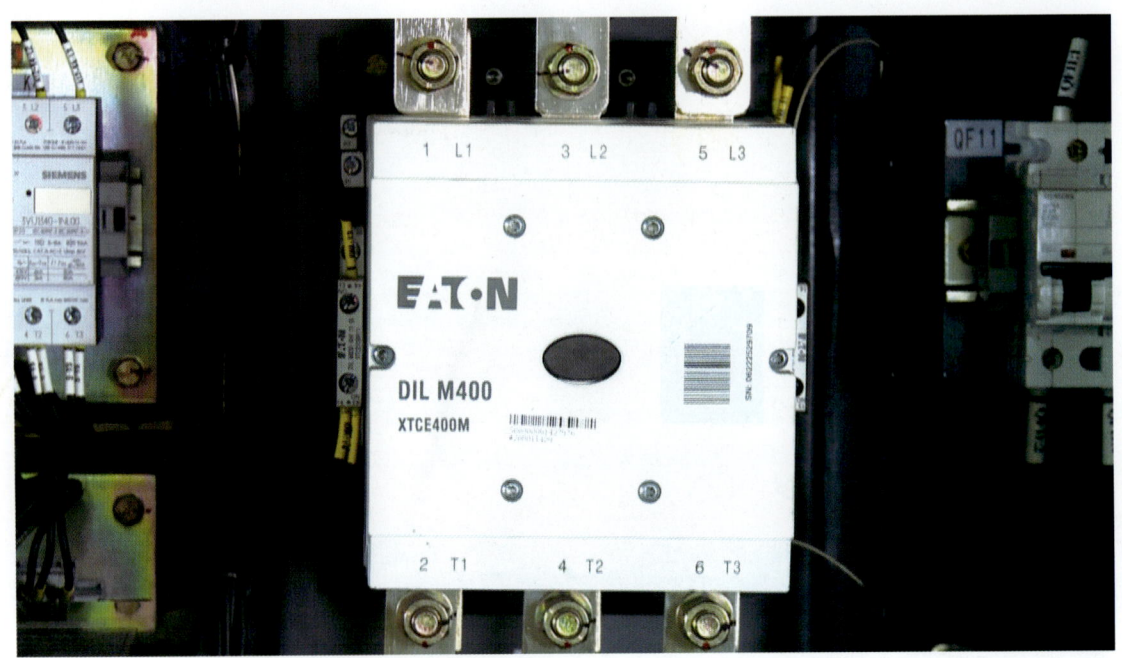

图7-32　辅助逆变器箱输出室输出接触器

图7-33　辅助逆变器箱输入室隔离开关

第八部分

照明系统

图8-1 车体外部照明灯

第八部分 照明系统

图8-2 客室照明

图8-3 司机室照明

第九部分
空调通风系统

图9-1 空调机组

图9-2 压缩机

图9-3 通风机

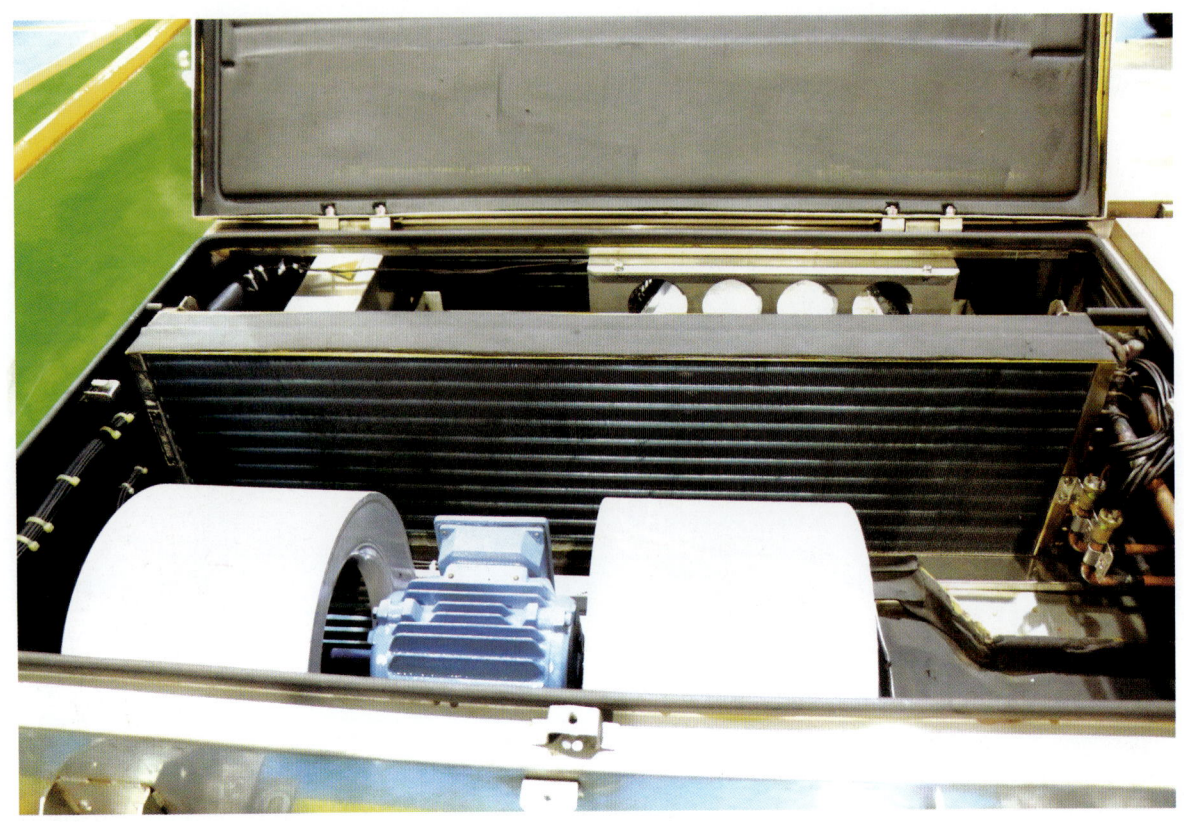

图9-4 蒸发器

图9-5 新风口

图9-6 空调控制柜

第十部分
列车网络控制系统

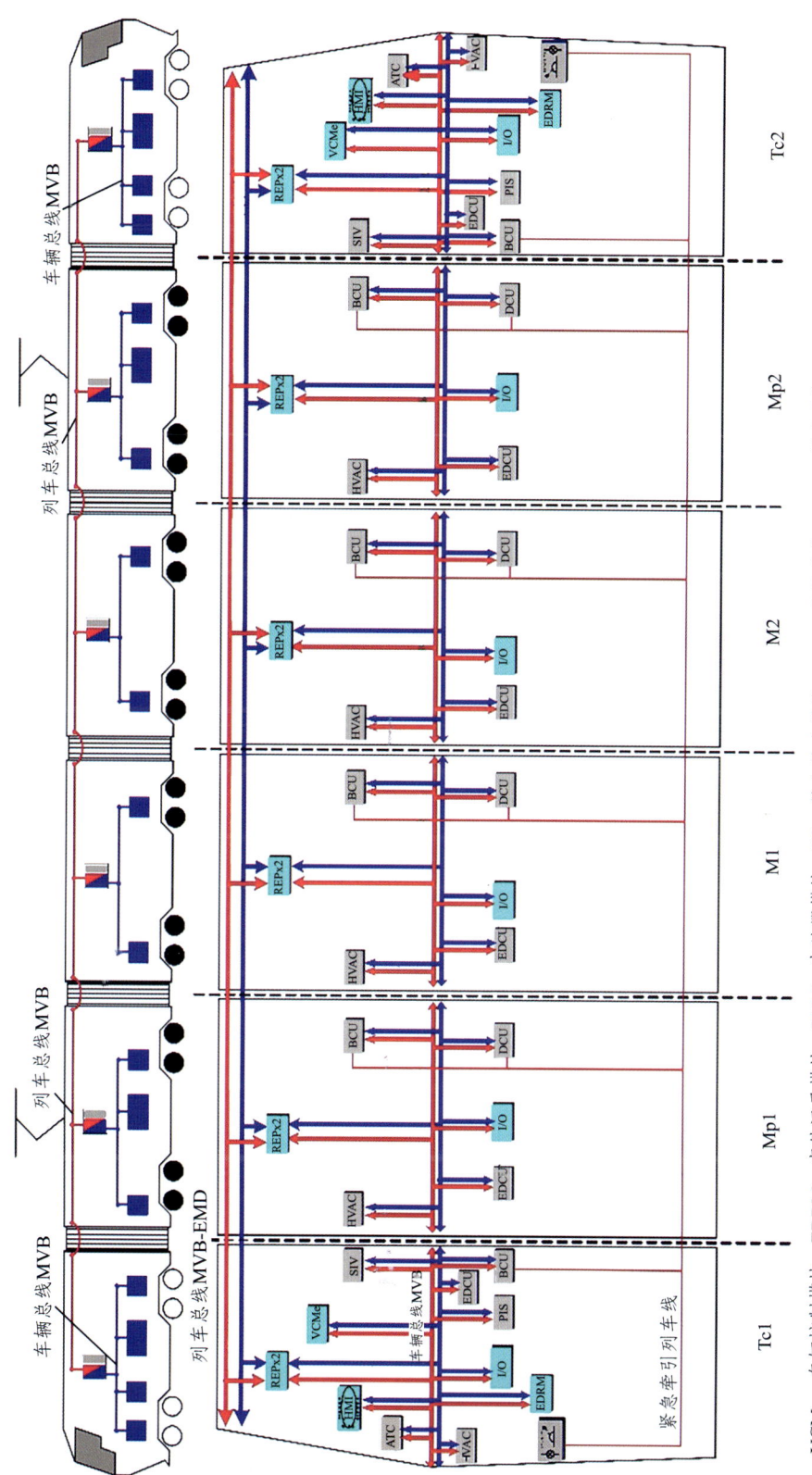

图10-1 列车网络拓扑结构

VCMe—车辆控制模块；EDRM—事件记录模块；REM—中继器模块；I/O—输入输出模块；ATC—信号系统；BCU—制动系统；DCU—牵引系统；EDCU—门控系统；HVAC—空调系统；PIS—旅客信息系统；SIV—辅助供电系统；HMI—显示器；MVB-EDM—多功能车辆总线-电气中距离介质。

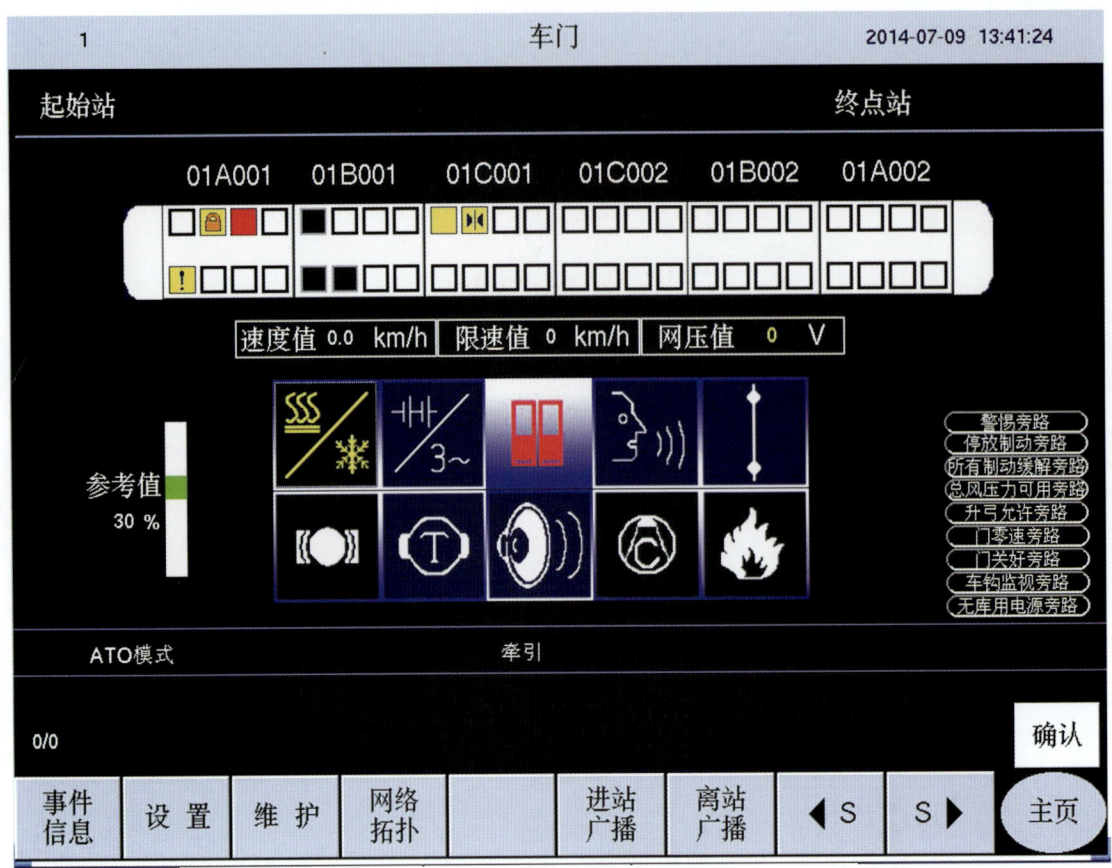

图10-2 HMI界面

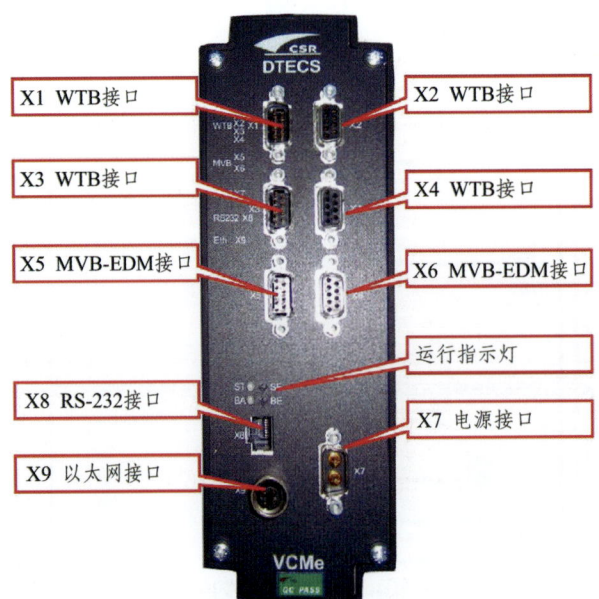

图10-3 车辆控制模块

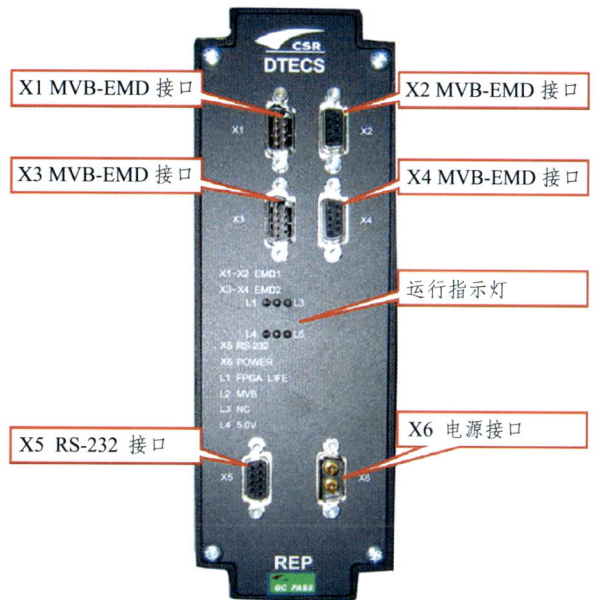

图10-4 事件记录模块

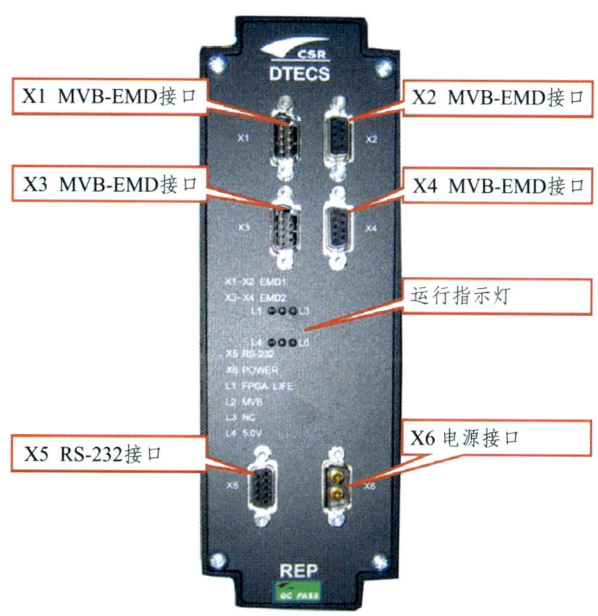

图10-5 中继器模块

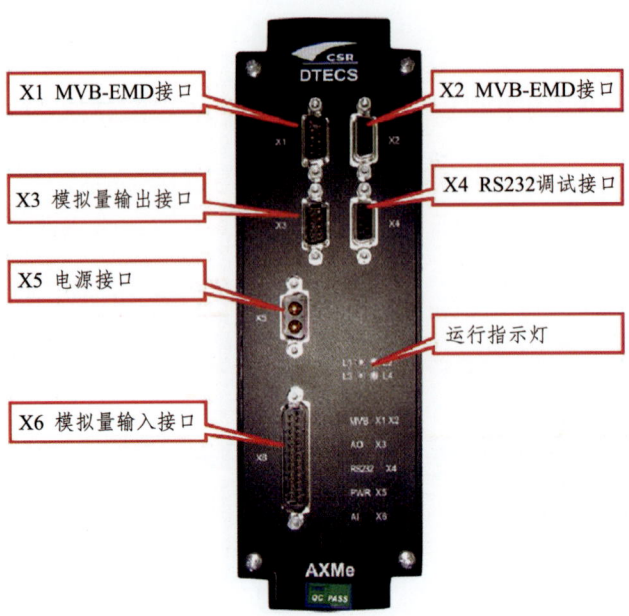

图10-6 模拟量输入输出接口

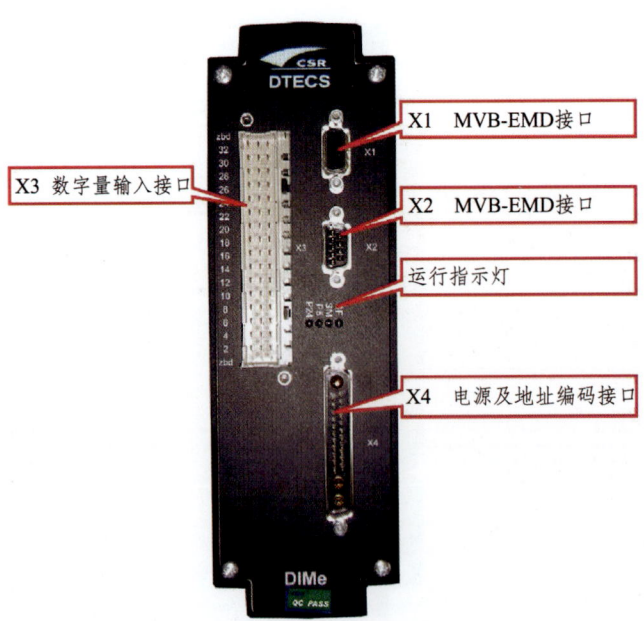

图10-7 数字量输入模块

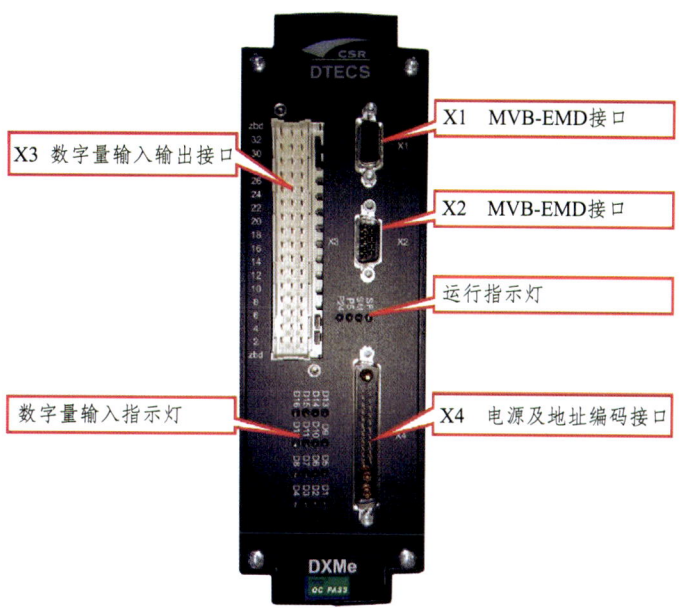

图10-8 数字量输入输出模块

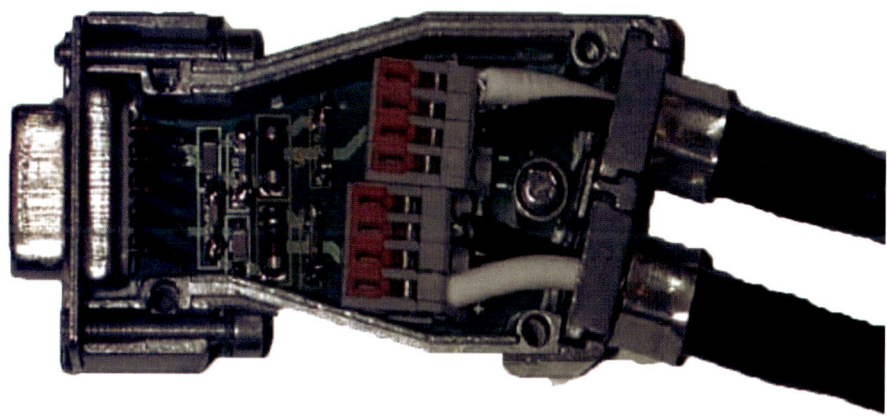

图10-9 MVB接口

图10-10　牵引控制器

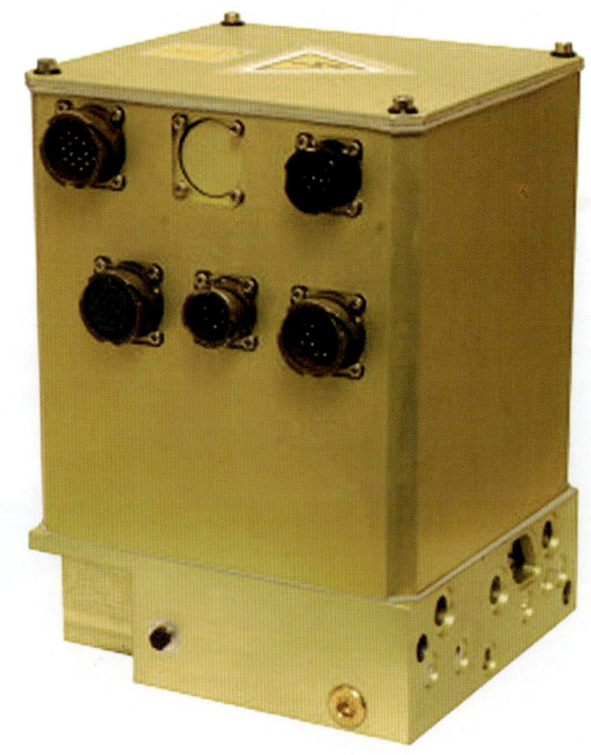

图10-11　网关阀

图10-12 智能阀

图10-13 车门控制器

图10-14 空调控制器

图10-15 辅助供电控制器

图10-16 ATC设备

图10-17 PIS设备